実際の入学試験と同様の採点基準

口頭試問 生活体験編
最強マニュアル

~誰にも聞けない 秘 攻略ガイド~

☞ 口頭試問で観られているポイントを徹底解説

☞ ポイントを知ることで口頭試問の対策がわかる

☞ 保護者は参考書として、志願者は問題集として活用できる

☞ 採点表付きなので実践的な学習ができる

☞ 「正解」のない問題への取り組み方がわかる

☞ 生活体験編には、生活体験や対応力を
　求められる問題を掲載

採点表
付き!!

日本学習図書 代表取締役社長
解説：後藤 耕一朗

日本学習図書
http://www.nichigaku.jp

口頭試問最強マニュアル
生活体験編

〈まえがき〉

　本書を発行するにあたり、保護者の方の「口頭試問はどのような評価がされるのか」「口頭試問はどのような対策を取ればよいのか」という悩みを解決したいと思い、構想を練りました。

　弊社は昭和36年より小学校受験専門の出版社として活動しており、幼児教室は運営していません。その特徴から、

- 私立小学校への協力（設立準備、教員研修、広報活動、入学試験など）
- 学校を会場とした模擬テスト「小学校受験標準テスト」の開催
- 東京私立小学校展への協力
- 関西私立小学校展（2019年まで）の企画運営

などを行っています。

　中でも、私自身が国立・私立小学校の入学試験に関して、提案や問題作成など、アドバイザーとして多くの学校に関わっています。

　そうした経験をもとに、参考書兼問題集となる本書を制作いたしました。

　本書は、入学試験で採用されている採点基準に準じた内容になっているので、実際の入学試験と同様の学習を家庭で行うことができます。

　前半は口頭試問に関する情報、後半は練習問題～実践問題という2部構成になっています。まずは保護者の方が前半部分をしっかりと熟読し理解した上で問題に取り組むことにより、効果的に学習を進めることができます。

　また、口頭試問対策は、問題を解くだけでなく、保護者の方が口頭試問形式の試験を理解し、日常生活に落とし込んだ対策を取ることが大切です。

　後半部分の実践問題についている採点表は、実際の入学試験でも採用されているチェック項目を使用しています。入試と同レベルの学習をお子さまといっしょに「笑顔」で取り組んでください。

　発行にあたり、各学校に幅広く献本を行いました。ですから、単なる問題集ではなく学校様には参考資料としてもご活用いただいている問題集となっています。

　本書がみなさまの合格の一助となれば幸いです。

日本学習図書株式会社
代表取締役社長
後藤耕一朗

〈入学試験ではどんなことをするのか〉

　下図にあるように入学試験で行われる課題は多岐にわたっています。必ずしもそのすべてが入試で出題されるわけではありませんが、どういった課題があるのかを知っておくとよいでしょう。その中で、受験をする学校の傾向をしっかりと把握しておくことが大切です。

　特に本書で扱っている**「口頭試問」は、付け焼き刃の対策が難しい課題の1**つなので、早めの対策をおすすめします。

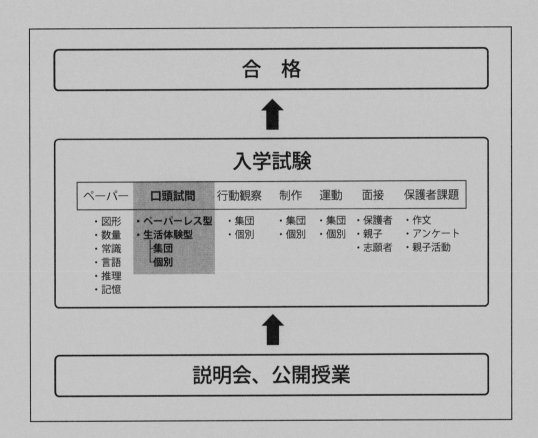

〈ポイント〉

　それぞれの学校は、上記のような試験項目を組み合わせて入学試験を行っています。**望ましい子ども像などは、説明会での話や学校案内の中で説明されている**ことが多く、口頭試問形式の入学試験を実施している学校を志望する場合は特に重要です。その点をしっかりと理解して、日常生活を送ることがポイントになります。

〈口頭試問で出題する意味を理解する〉

口頭試問は、観られているポイントをよく理解した上で対策を取らなければ効果的な学習ができません。

その理由は、**解答までのプロセスも採点対象になる**ため、付け焼き刃の対策が通用しないからです。そのため、しっかりとした力を身に付ける必要があります。その点がペーパーテストと大きく違うところでしょう。

小学校受験での失敗例として、正解か不正解かのみに意識を集中しすぎてしまうことがよくあります。

口頭試問は、「できる」こと以上に「わかる」ことが重要です。ですから、解答だけでなく、どう考えたのかまでが評価の対象になります（この点は後ほど触れていきます）。こうした点を保護者の方が理解せずに対策をとっても、本当の試験対策とは言えません。これが口頭試問は指導する保護者の方がその意味を理解していないと充分な対策ができないと言われる所以です。

そうしたことから、本書は単なる問題集ではなく、保護者の方もいっしょに力が付けられるように構成してあります。

〈学習のステップ〉

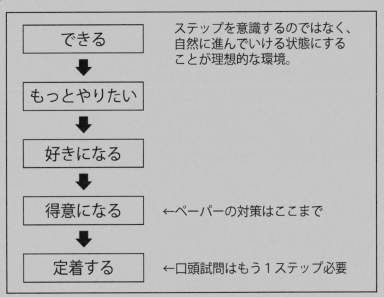

```
┌─────────────────────────────────────────┐
│  ┌──────────┐                             │
│  │  できる  │   ステップを意識するのではなく、   │
│  └──────────┘   自然に進んでいける状態にする     │
│       ↓         ことが理想的な環境。            │
│  ┌──────────────┐                         │
│  │ もっとやりたい │                         │
│  └──────────────┘                         │
│       ↓                                   │
│  ┌──────────────┐                         │
│  │  好きになる  │                          │
│  └──────────────┘                         │
│       ↓                                   │
│  ┌──────────────┐                         │
│  │  得意になる  │ ←ペーパーの対策はここまで      │
│  └──────────────┘                         │
│       ↓                                   │
│  ┌──────────────┐                         │
│  │  定着する  │ ←口頭試問はもう1ステップ必要    │
│  └──────────────┘                         │
└─────────────────────────────────────────┘
```

〈ポイント〉

「できる」ことも大切ですが、「何で？」「どうして？」を日常生活に取り入れることが、口頭試問対策では重要になります。わかりやすく言うと、興味・関心を高める言葉がけが必要ということです。口頭試問は、「意欲」も採点対象になります。そして、この**「意欲」「興味・関心」は採点対象の中でも重要度の高い項目**になっていることが多いのです。

口頭試問対策に寄り道はあっても近道はありません。そして、この寄り道で得た力は、子どもの「意欲」「興味・関心」を伸ばしていくことにつながります。保護者の方は、「求められていること」「身に付けなければいけないこと」をしっかりと理解した上で対策を取るようにしましょう。単にできればよいではダメなのが口頭試問なのです。

３時間目　口頭試問の特徴をおさえる

〈ペーパーとの違い〉

　一番大きな違いは、先生が目の前にいて、すべてを観察されている環境の中で問題に取り組まなければならないという点です。

　先生に観察されながら解答するのは、かなりの重圧です。この重圧を跳ね返せる自信を付けさせることも、口頭試問では大きなポイントです。自信を持っている子どもは、受け答えにも余裕があります。そうした気持ちのゆとりは、口頭試問の試験では強い武器になります。

〈評価の範囲〉

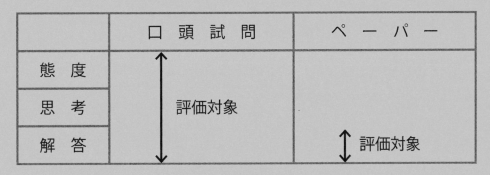

	口　頭　試　問	ペ　ー　パ　ー
態　度	評価対象	
思　考		
解　答		評価対象

〈タイプ別採点対象〉

　○ペーパーテスト … 　結　果　　（解答のみが採点対象）
　○口頭試問テスト … 結果＋プロセス（解答以外も採点対象）

　こうしたことからもわかると思いますが、実はペーパーよりも口頭試問の方が、対策に手間も時間もかかります。

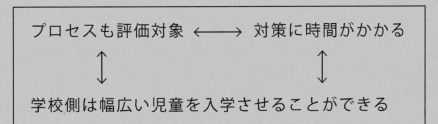

プロセスも評価対象　⟷　対策に時間がかかる

学校側は幅広い児童を入学させることができる

　評価される時間も長時間にわたるため、**集中力の持続**が求められます。

　しかも、**先生と１対１で向き合い、目の前で解答**しなければなりません。この緊張感は、ペーパーテスト（集団）の何倍も大きなプレッシャーとしてお子さまに降りかかってきます。そのための対策もしなければなりません。

4時間目　口頭試問で気を付けるポイント

〈口頭試問対策〉

ペーパーテストでは、ハウツーを使えば理解をしていなくてもある程度正解を導くことができますが、口頭試問の場合、その思考過程や出題によっては解答方法まで観察されます。

ですから、ふだんの学習では**「理解」**に重点を置かなければなりません。

本書では、問題だけでなく採点表も掲載（実践問題）しています。その採点表は実際の入学試験で取り上げている観点を抽出したもので、本番さながらの採点を家庭で体験できます。

また、採点表は評価のためだけに掲載しているのではありません。採点項目を知ることで、保護者の方が日常生活の中でお子さまに指導しなければならないことを把握することも目的として掲載しています。

ぜひ参考にしてください。

〈ポイント〉

こんなところは気を付けよう!!

○保護者の方が結果（解答の正誤）ばかり気にしている。

　→各問題の採点基準を見れば、何を観られているかがわかります。

○ペーパーテスト中心の入試を行っている学校とノンペーパー中心の入試を行っている学校とでは出題目的や採点の比重が大きく異なる。

　→口頭試問でよい成績をとるには、日常生活での心がけ大切になります。そこから何を学ぶかで結果が大きく違ってきます。

○与えられた課題への取り組み方。

　→ただ「できる」だけでは充分ではありません。「自然にできる」ようになるまで定着させるようにしましょう。

参加する意欲と自然にできることが求められます。
↓
それが口頭試問対策に時間がかかる理由です。

５時間目　口頭試問のタイプを把握する

〈口頭試問には２パターンある〉

実は、口頭試問は２つに分類することができます。

①ペーパーレス型

ペーパーテストと同じように知識を問う課題が中心に出題される。
具体物を使用して解答することもある。

②生活体験型

生活体験にもとづく課題が中心に出題される。
「こんな時はどうするか」「それはどうしてか」など、状況判断や自分の
考えが求められる。

試験がどちらのタイプかによって対策が異なります。

	ペーパーレス型	生活体験型
ペーパー学習	必　要	常識問題は活用可
主な学習場所	机＋生活	生　活
身に付ける力	解答にたどり着く力	生活にもとづく経験

6時間目　生活体験編の解説

 問　「街を歩いていたら、お年寄りが不安そうに周りを見ています」
次の質問に答えてください。

質　　問	観　　点
①お年寄りの人は何をしていると思いますか。	①お年寄りが困っていることを理解できるか。
②あなたならどうしますか。	②こうした状況に遭遇した時にどうすればよいのかを判断できるか。
③その後どうしますか。	③実際に行動（話しかける、助けてあげるなど）に移すことができるか。
④それはどうしてですか。	④なぜそういう行動をしたのかを言葉にできるか。

〈解　説〉
　困っている人を見かけることは、日常生活の中でよくある光景です。こうした時に、ただ通り過ぎてしまうのか、一声かけることができるのかということが問われています。自分の行動の理由まで理解していれば、その後の質問にもスラスラと答えることができるでしょう。
　口頭試問の場合、解答するまでの時間や様子なども採点対象になります。これは、早ければよいというものではなく、いくつかある考えの中で思案しているのと、何もわからずに考えているのとでは、観ればわかります。それによっても採点は異なります。また、答えている時の表情でも、自信を持って答えているのか否かはわかります。
　これらの行動は日常生活での様子がそのまま表れます。お子さまの日常生活は保護者から大きな影響を受けます。こうしたことから、保護者の考えや行動がお子さまの行動に密接に関係してくることがわかると思います。
　このように、解答以外の部分も採点に含まれるのが口頭試問のテストです。

7時間目　採点の枠組みを知ろう

〈学校によって採点基準が異なる〉

採点の枠組みには大きく分けると2つのパターンがあります。

Aパターン：お子さま自身を観たいと考えている学校に多い
Bパターン：思考の過程を観たいと考えている学校に多い

本書ではどちらにもに対応できるように、両方の採点方法を掲載してあります。

〈パターン別採点の仕組み〉

Aパターン

| 問題を解く前 |
| 問題を解いている時 |
| 問題を解いた後 |

Bパターン

| 問題を解いている時 |

【Aパターン】

試験官は流れに沿って志願者を観ています。特に問題を解いた後、緊張から解放されるせいか、そこでミスをする志願者が数多くいます。そうした、課題以外の部分も重視しているタイプの学校はAパターンを採用しています。

【Bパターン】

ペーパーテストでは測ることのできない、思考の過程を観ることができることから、ペーパーを重視しているタイプの学校はBパターンを採用しています。ペーパーテストの延長線上にあると考えてよいでしょう。

〈採点表の判断基準〉

　後半の実践問題を進めていく上での判断基準を説明しておきます。この基準は、実際の入学試験においても多くの学校で採用されているものです。
※すべての学校に当てはまるわけではありません。

【基　準】

3：	よくできている	… 特筆すべきことがある
2：	標　準	… できている
1：	できていない	… できていない
0：	不　合　格	… 入学見送り

【説　明】

　3…特筆すべき点があった場合は3点にします。学校が考えている以上の行動があった場合など。

　　（例）「退出する時に落ちているゴミを拾った」「使用していない椅子が乱れているのを直した」など

　2…気になるようなことはなく、きちんとできた場合は2点になります。ですから、採点は2点を基準に行ってください。

　1…できていない。できていても気になるところがあった場合は1点になります。

　0…1つでも「0」と評価されると、ほかの点がどんなによくても不合格になります。学校側が入学を避けたいと思っている要素を持っている場合です。学校によってそれぞれの基準があります。

　　（例）「席に座っていられない」「説明をしている（問題を解いている）最中にキョロキョロする」「説明に口を挟む」「説明を全く理解していない」「試験の最中に大きな声を発する」など

〈点数の目安〉

得点	ランク	評価
50〜60	S	合格ライン以上
41〜49	A	合格ライン
40	B	平均点
35〜39	C	もう少し努力しましょう
30〜34	D	努力を要します
29以下	E	不合格圏内
0評価あり	−	不合格確定

凡例

実践1　採点表

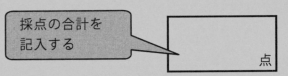

採点の合計を
記入する

点

		チェック項目	採点
試験前	1	返事はあったか	3・2・1・0
	2	入室時に落ち着いていたか	3・2・1・0
	3	あいさつはできたか	1・0
	4	指示があってから座った	1・0
試験中	5	好きな遊びを言えたか	1・0
	6	遊びの説明ができたか	1・0
	7	説明はわかりやすかった	1・0
	8	内容は生活体験にもとづいたものだったか	3・2・1・0
	9	伝わりやすい話し方だったか	3・2・1・0
	10	言葉遣いは正しかったか	3・2・1・0
	11	問題をきちんと聞いていたか	3・2・1・0
	12	すぐに解答できたか	3・2・1・0
	13	目を見て答えていたか	3・2・1・0
	14	大きな声で答えていたか	3・2・1・0
	15	笑顔で取り組んでいたか	3・2・1・0
	16	正しい姿勢で取り組んでいたか	3・2・1・0
	17	最後まで集中できていたか	3・2・1・0
試験後	18	終わりのあいさつはできたか	3・2・1・0
			3・2・1・0
			3・2・1・0

チェック項目に対して

3：特にすぐれていた
2：できた（2点が基準）
1：できていなかった
0：特にできていなかった
　　問題あり

取り組んでいて、気になったこと、
よかったことを記入しておくと、
後の参考となる。

〈メモ〉

〈主な採点項目の説明〉

【試験前】

■返事はあったか
　試験の時、受験番号や名前を呼ばれることがあります。その時に返事ができたかどうかがチェックされます。ただ、返事をすればよいというわけではありません。すぐに返事ができたか、大きな声ではっきりと返事ができていたかがポイントです。

■入室時に落ち着いていたか
　１つひとつの動作がしっかりしているか。ダラダラした動作になっていないか。いわゆる第一印象です。ですから、入室時には特に気を付けたいものです。

■あいさつはできたか
　先生の前に来た時に自分からあいさつをしたかどうかです。促されてからあいさつをするのはよくありません。大きくハキハキした声、明るい表情であいさつをすることが大切です。また、お辞儀をしながら言葉を発するのではなく「お願いします」と言い終わってからお辞儀をするようにしましょう。

■指示があってから座ったか
　よくあるミスの１つです。このミスに気が付くと、その後、慌ててしまうものです。先生の話や指示をしっかり聞き、その通りに行動できるようにしましょう。もし、誤って座ってしまったら、「すみません。先に座ってしまいました」と言いましょう。逆に評価が高くなることもあります（わざとするのは論外です）。対応策は一連の動作を自然にできるようにすることです。

■座り方・姿勢は正しかったか
　男の子によく見られるミスです。椅子に浅く腰かけ、背にもたれかかるようにして足を前に投げ出す姿勢は、試験の後半になればなるほど多くなります。緊張感を持って、背もたれに寄りかからず、胸を張って座るようにしましょう。

■キョロキョロしなかったか
　はじめての場所なので、珍しいものもあります。だからといってキョロキョロするのはやめましょう。また、相手を見ずに伏し目がちに対応するのもよくありません。先生の目をしっかりと見て話をしましょう。先生が複数いる場合、話をしている先生の方を見るようにしてください。この時、話をしている先生の方に身体を向けるのがベストですが、そこまでできなくても構いません。

【試験中】

■正しい姿勢で取り組んでいたか
重要な項目の1つです。試験の時間すらおとなしく座っていられないということは授業中もじっとしていられないと判断されかねません。集中力、意欲を関連付けて確認してください。この項目は厳しくチェックして、対策を取ることをおすすめします。

■集中して取り組んでいたか
これも学校側が重視している項目です。なぜかというと学力を伸ばすために必要な力の1つだからです。採点する時、お子さまの集中力がどれくらい継続しているかをチェックしてください。1つの問題に対する集中力と、試験時間全体に対する集中力を総合的に観察して評価しましょう。

■意欲的に取り組んでいたか
口頭試問形式で行うテストの目的の1つです。ペーパーテストは結果で判断しますが、口頭試問は、解答を導き出すまでのプロセスも評価します。この項目は特に厳しく採点することをおすすめします。

■最後まであきらめずに取り組んでいたか
わからなくても最後まで一生懸命取り組むことは大切なことです。わからないからといって投げ出してしまうようでは、ほかのことでも投げ出してしまうのではと受け取られます。学習はわからないことをわかるようにすることなので、投げ出してしまう子どもは、学校側は歓迎しません。

■工夫は見られたか
口頭試問形式の試験は、答え方が1つとは限りません。「これがダメならあれ」「こうしたらどうだろう」ということを観るための試験でもあります。興味・関心、知的好奇心を持てるように指導してください。その延長に創意工夫があるのです。

■言葉遣いは正しかったか
なれなれしい言葉で解答したり、単語だけで答えるお子さまが増えています。はじめて会う大人との会話はどのようにすべきなのかをしっかりと身に付けましょう。一番よくないのは黙ってしまうことです。わからない時は「わかりません」と言えることが大切です。

【試験後】

■終わりのあいさつはできたか
ミスは課題が終わった後に集中します。終わったと安心して、あいさつをせずに退出する子どもを多く見かけます。ある程度は学校も気持ちを汲んでくれますが、だからといってしなくてよいというわけではありません。はじめにしたのと同様のレベルで行いましょう。経験を積んで、正しいあいさつをしっかりと身に付けてください。

■椅子はきちんとしまったか
椅子をしまい忘れる子どもが多く見られます。これは緊張ということもあるでしょうが、日常生活において椅子をしまうことが徹底されていないことが原因と思われます。ふだんからきちんとしていれば、緊張に関係なくしまうことができるはずです。また、中途半端にしまった状態も望ましいとは言えません。

■出る時のあいさつはできたか
開始時と同じレベルでのあいさつが求められます。試験が始まる前の差は大きくありませんが、試験後に差が開いてしまうことが多くあります。最後まで緊張感を持って臨みましょう。

練習問題

この問題は絵を参考にしてください。

①あなたはお友だちが大切にしているおもちゃを壊してしまいました。お友だちはどんな気持ちになると思いますか。

②その時、あなたはお友だちに何と言いますか。

③もし、あなたがお友だちにおもちゃを壊されてしまった時はどうしますか。

〈 時 間 〉　各30秒

〈 解 答 〉　省略

 ## 保護者の方へのアドバイス

お友だちが大切にしているおもちゃを壊してしまった。そうした状況での相手の気持ちとどう対応するのかが問われています。この問題で大切なことは、解答までのスピードと態度です。こうした場面は、試験問題としてではなく日常でも起こりうることです。ふだんの行動を観るという出題の観点から、解答までの時間（スピード）が重要になります。相手の気持を考えることができるお子さまはすぐに反応でき、できないお子さまは考え込んでしまうでしょう。こうした様子も採点の重要な要素になります。日常生活の中でしていないことは入学試験でもできません。ですから、日々のくらしを通して相手の気持を考えられるような指導を心がけてください。

②では、どう対応するのかが問われていますが、この質問には即答できなければなりません。お友だちのものを壊してしまった時、まずは謝罪することが第一です。「ごめんね」の言葉がすぐに出てこないようでは大きなマイナスが付くと思ってください。

そのほかにも、声の大きさやハキハキ答えたかなど、解答時の態度はきちんとしていたでしょうか。相手に聞こえなければ謝罪の気持ちは伝わりません。小さな声で話しても相手には伝わらなければ謝罪をしていないのと同じになってしまいます。

何気ない質問に思えるかもしれませんが、この問題は保護者の方の躾を観ているとも言えます。お子さまの解答を通して、ふだんの家庭の様子を観られているのだということを理解しておいてください。

練習2

この問題は絵を参考にしてください。

①あなたはお友だちとケンカをしてしまいました。仲直りするためにはどうした
　らよいと思いますか。

②今言ったことをあなたは自分からすることができますか。

③それでもお友だちと仲直りできなかった時はどうしますか。

〈時間〉各30秒

〈解答〉省略

 ## 保護者の方へのアドバイス

　求められていることは基本的に練習1と同じですが、別のこととして受け取って
しまうお子さまも多いでしょう。こうした問題の場合、女の子は難なくクリアで
きたりしますが、男の子の場合には相手の責めてしまうような言い方になってし
まうことがあります。

　また、本問の正解は1つではありません。そもそもこのような状況においては、
絶対的な正解が存在するわけではありません。自分から謝ることも1つの答えで
すし、相手を叩いてしまった場合などには、ケガ（痛いところ）がないかないか
を聞くことも1つの答えです。相手を思いやる心はよいことです。このような
出題の場合、「では次に何をしたらいいかな」と質問されることが予想されます。
このように、試験官はお子さまのよいところを上手に引き出そうとしてくれます。
ですから、問題を解いた後、答えられたと思って安心している保護者の方も、安
心せずにもう少し踏み込んで考えましょう。

　この質問をされるのは入学試験であり、はじめての場所、はじめて会う大人です。
お子さまにとってはかなりの緊張感になります。この状況下においてふだん通り
を求めるのはかなりの難題です。だからこそ、日常生活においてしっかりできて
いるかどうかが大切になります。

この問題は絵を参考にしてください。

①あなたはお友だちといっしょに遊んでいます。少し離れたところには1人で
　遊んでいる子がいます。あなたはどうしますか。

②1人で遊んでいる子はどんな気持ちだったと思いますか。

③もしあなたが1人で遊んでいたらどうしますか。

〈時間〉各30秒

〈解答〉省略

 保護者の方へのアドバイス

この問題では、1人で遊んでいる子どもに声をかけていっしょに遊ぶことが求められます。大人にとっては簡単な問題に思えるでしょう。実際にお子さまが公園で遊んでいる時、1人で遊んでいる子どもがいたら声をかけていますか。保護者の方に促されて声をかけているのではないでしょうか。

知識としての対策は簡単です。ですが、口頭試問での「言葉」と行動観察などでの「行動」が一致していなければ意味はありません。

入学試験の採点は、その項目だけで評価されているのではありません。中には、行動観察と口頭試問での解答が一致しているかを観ている学校もあります。

ですから、知識としてではなく、日常生活の中で身に付けていきましょう。試験官は、解答している時の言葉や態度から、受験用の知識かどうかを判断することができます。特に入学試験においてペーパーテストがない学校ではこうしたことが重要になります。

この問題を終えた後、幼稚園や保育園などでこういうお友だちがいたらどうしたらよいのかを話し合ってみましょう。保護者の方がお子さまに指導する場合、単に正解を教えただけでは、「言われたからする」という指示行動になってしまいます。そうした場合は、「自分だったらどう思うか」「自分だったらどうしてほしいか」を考えさせるようにしてください。自分に置き換えて考えることで、どのように対応したらよいのかが理解できるようになります。そして実践の機会を作り、できた時の話を聞いてあげてください。

この問題は絵を参考にしてください。
①お友だちがケンカを始めてしまいました。あなたはどうしますか。
②あなたがケンカをするのはどんな時ですか。
③ケンカをしてしまった後、どうやって仲直りすればよいと思いますか。

〈時　間〉　各30秒
〈解　答〉　省略

 ## 保護者の方へのアドバイス

今度はケンカをしているお友だちにどう対応するかが問われています。体格もよく、力の強いお友だち同士がケンカをしていたら、間に入るのには大変な勇気が必要です。女の子に関しては、ケンカのイメージが違う場合もあります。

そう考えると難しい対応と捉えてしまうかもしれませんが、そこまで深く考える必要はありません。シンプルに「止める」「どうしてケンカしたのかを聞く」などと答えることができればよいでしょう。「先生に知らせる」という答えもあるかもしれません。それはそれでよい解答だと誉めてあげてください。

大切なのは、「煽る」「加わる」など、騒ぎを大きくする行為はダメだということです。また、「何もしない」こともマイナス評価になります。

女の子に多いかもしれませんが、こうしたケンカの場に立ち会ったことがないために、とっさに答えが出てこないことがあります。だからといって、面接や口頭試問テストの時に、沈黙してしまっては点数がもらえません。

本問のような、考え方を問われている問題では、黙ってしまうことは１番低い評価になってしまいます。そうならないためにも、どういう行動をすべきなのかを、ふだんから話し合っておくとよいでしょう。

この時の話し合いは、あらたまった場ではなく、世間話をするような感じで始めるとよいと思います。和やかな環境で取り組んだことは、苦手意識を排除する効果があります。学習の一環として捉えてしまうと、どうしても模範解答を覚えるという形になってしまいがちです。そうならないためにも、リラックスした状態で、「どうしたらよいか」「どう考えるのか」といった話をすることをおすすめします。

この問題の絵はありません。
①明日はお母さんの誕生日です。何をしてあげれば喜ぶと思いますか。
②誕生日は何の日か知っていますか。
③お父さんの誕生日には何をしてあげたいと思いますか。

〈時間〉各20秒

〈解答〉省略

 保護者の方へのアドバイス

このような質問が私は大好きです。何を言っているのかと思うでしょうが、こうした明るい話題こそお子さまのさまざまな部分が見えてくるからです。

この問題に正解はありません。「お子さまの考え」を求める質問です。ですから、お子さまのふだんの思いが答えに表れます。誕生日だからといって、「ケーキを買う（作る）」「お花をプレゼントする」とならなくてもよいのです。「肩もみをしてあげる」というのも素敵な答えでしょう。このような解答をすると、「どうして肩もみなの？」という質問がされると思います。その時にお母さんを思いやる言葉が添えられるとよいですね。

ふだんのお母さんを見ているから、「肩もみ」という答えが出てきたのだと伝わります。決して「肩もみ」が正解と言っているのではありません。大きなこと、派手なことをすることだけが正解ではないと言いたいのです。こうした問題で、お金を使用する解答は好ましくありません。この問題では「もの」ではなく、何をしてあげるかという「気持ち」を聞いているのです。練習3と同じように、相手を思いやる心が問われる質問と言えるでしょう。

そして、答えている時のお子さまの顔や目はどうだったでしょう。キラキラと輝いていましたか。口頭試問では、解答中の雰囲気や表情などもあわせて観られます。お子さまが楽しく答えられる環境を日常会話の中から作っていきましょう。

③では、お仕事などでお子さまとの関わりが少ない父親に対して、どのような答えになるでしょうか。父親への対応は盲点になるので、気を付けておいてください。

（練習6の絵を見せてどちらかの顔を選ばせる）
①あなたはどんな時にその顔になりますか。
②最近、いつその顔になりましたか。
③なぜ、その顔になったのですか。

〈時間〉各20秒

〈解答〉省略

 ## 保護者の方へのアドバイス

この問題について特筆することはありません。「どんな時に笑うのか」「どんな時に怒るのか」をそのまま伝えればよいのです。そういう点では、この問題も解答までの時間が重要になります。

このような日常生活に関する問題については、生活体験の量が大きく関わってきます。体験にもとづく答えなので、考え込む必要はありません。逆に考えてしまうと、生活体験が少ないと受け取られてしまいます。

口頭試問は言葉の通り口で答えますが、知識として覚えたことを答えるのではなく、体験したことや行動したことを背景にした自分の考えが求められます。

ですから、知識として知っている答えと体験をベースにした答えとでは、試験官の目から見ると明らかに違うことがわかります。特に、「どうするか」という行動をともなう問題の場合、生活体験の有無が大きく表れます。

今回は笑った顔と怒った顔というわかりやすい2つを出題しましたが、困っている顔を見て「このような顔をしている人がいたらどうしますか」といった出題をすると、その差は一目瞭然となります。

日常生活において、言葉や知識として教えるのではなく、行動することを取り入れてください。その時のポイントは、怒ってはいけないということです。間違えた行動をした時は、どうしてそのようなことをしたのかをしっかりと聞き取り、理解させることを重点に置いて指導してあげてください。

①この絵の中でいけないことをしている人を指さしてください。その人はどんなところがいけないと思いますか。
②このほかに、電車の中でしてはいけないことを教えてください。

〈 時 間 〉 各30秒
〈 解 答 〉 省略

 保護者の方へのアドバイス

この問題は、お子さまを通して保護者の方の常識や躾が問われています。

小学校受験は必ずしもお子さまだけを観ているのではありません。お子さまを通して保護者の方の常識や躾が自校の教育方針と合っているのかを観ていることも多くあります。

このような問題の場合、スラスラと答えられるお子さまと考え込んでしまうお子さまに分かれます。これも生活体験にもとづいているものとお考えください。

まず、真ん中付近の子どもですが、靴を履いたまま椅子に座って外を見ています。この状況では、隣に座っている人に靴が当たり洋服を汚してしまいます。

次に、子どもの左隣にいる男性が通話をしています。電車内での通話はマナー違反なので、これもチェックの対象です。保護者の方が電車内で頻繁にスマートフォンを操作している場合、この男性にチェックを入れられないことが多くなります。子どもは、メールか通話かゲームかまで認識していません。保護者の方が電車内でスマートフォンを触っている光景に違和感を感じなくなり、このような男性にチェックが入れられなくなります。実は、このようなことが入学試験でも結果として表れており、正答率も低くなっています。

そして、子どもの右隣の女性がお化粧をしています。近年、電車内でお化粧をしている女性をよく見かけますが、やはり、こういったことは自宅で済ませてくることだと思います。そして、ちょっとしたお化粧直しは人前でするよりも化粧室などでする方がスマートに感じます。

私立小学校の多くは高い質の教育を掲げて実践しています。学力だけが高ければよいのではなく、高い人間性の育成も同時に行っていることから、この女性にもチェックを入れられることが望ましいでしょう。

この問題は絵を参考にしてください。
① 3人のお友だちがいるのですが、ケーキが2つしかありません。仲良く食べる
　ためにはどうすればよいと思いますか。
② みんなでケーキを分ける時に気を付けることを教えてください。
③ ケーキを分けて食べる時に使うものは何ですか。それはいくつ必要ですか。

〈時間〉各30秒

〈解答〉省略

 保護者の方へのアドバイス

知恵を発揮する問題であると同時に、苦手に感じるお子さまも多いでしょう。
日頃から食べものなどをシェアする環境にあるお子さまは、こうした問題も苦に
することなく、次々と答えが出てくると思います。ですが、その環境にない場合、
知識としてこの問題を解決しようとするため、難度が急に高くなってしまいます。
では、どうやったらこのような問題をすんなりと解けるようになるのでしょうか。
「うちは1人っ子だから分ける環境がない」とあきらめないでください。実は生
活の中のちょっとしたことを変えるだけで、簡単に体験できる環境を作れます。
それは「食事の時に料理を個別に出すのではなく、大皿で出す」だけです。
料理を大皿で出すことで、自然と分配をしなければならなくなります。「数の問
題」「よそったお皿や残ったお皿の見た目」「取り分ける順番」「お礼」など、
小学校の受験で必要とされることがたくさん学べます。そして、いつも同じ数で
分けるとは限りません。そうした時にどうするのかを考え、実践することで、こ
のような出題に対応できる力が付いてきます。
本問ではどう分けるかに正解はありません。むしろ、どのような分け方をするか
を試験官は楽しみに観ています。
中には、自分は我慢をして「2人にあげます」というお子さまもいると思います
が、その考えは弟や妹がいる場合など、年長者としては悪いことではありません。
ただ、ここでは分け方が問われているため、みんなが食べることを前提とした意
見が求められます。

練習9   常識（日常生活）

この問題は絵を参考にしてください。

① 3人で公園に遊びに来ました。1人はすべり台、1人はブランコ、1人は砂遊びをしたいと言っています。どうやって決めればよいと思いますか。

② どうしてもすべり台で遊びたいというお友だちがいたらどうしますか。

〈時間〉各30秒

〈解答〉省略

 ## 保護者の方へのアドバイス

本問はリーダーシップを持っているお子さまにとっては得意な問題かもしれませんが、大人しいお子さまには苦手に感じるかもしれません。

少し厳しい意見になってしまいますが、入学試験では苦手だからといって考慮されることはありません。また、黙ってしまっても評価は得られません。

解決法は子どもの世界での話で構いません。そう考えれば解決法はたくさんあると思います。話し合いで決めるもよし、ジャンケンで勝った人の希望から遊ぶでもよし、決め方はほかにもさまざまあります。

本問のような状況は、幼稚園や保育園などではよくあることです。その時にどうしているのかを思い出せば、自分がしていなくてもお友だちがしたことを思い出して答えることができるでしょう。消極的なお子さまに指導する時は、こうした方法で伝えてあげてもよいのではないでしょうか。

保護者の方は、焦るあまり正解を求めすぎるところがあります。そんな時は落ち着いてお子さまと向き合ってください。そして、お子さまの体験を1つひとつ紐解いていくように会話をしましょう。そうすることで、どこかで答えに結びつくことが見つかるはずです。それをきっかけにしてお子さまを導いていけばよいのです。

こうしたたくさんの会話がお子さまの体験を増やし、こう答えればよいというお手本がお子さまの中に出来上がります。それができたら、次はさまざまな問題にチャレンジし、自信を付けさせてあげてください。

この問題は絵を参考にしてください。

①電車やバスにある優先席を知っていますか。それはどんな人が使うものですか。
　お話してください。

②ほかにこうしたマークを見たことがありますか。それは何のためにあるものか
　知っていますか。

〈時間〉各30秒

〈解答〉省略

保護者の方へのアドバイス

本問は知識を問う問題ではありますが、ここでポイントになるのは誰がどのように教えたのかという点と最初の質問にしっかりと返事をしたかという点です。

出題では、最初に「知っていますか」と問われています。その後に「どんな人が使うものですか」と質問されているので、まずは最初の質問に対してきちんと答えなければなりません。

こうした出題の場合、最初の質問に対して解答せず、後の質問だけ答えればよいと勘違いしてしまいます。まして、絵を見せられたら、どんな人が使用するかばかりに意識が集中してしまうと思います。このような、ちょっとしたことが口頭試問では大切なポイントとして存在します。お子さまは最初の質問にきちんと答えることができたでしょうか。使用する人に関しては、公共交通機関を利用した時に理解をさせていれば、難なく解答することができると思います。

学校はお子さまの答えを「家庭の質」「保護者の考え」として捉えます。その理由は、お子さまの年齢を考慮すると、自分で調べることはできないからです。この問題のベースには、弱者に対する配慮や思いやりがあります。お子さまが優先席を知らないということは、それがその家庭の価値観として判断されます。それゆえに、この問題は両方とも即答、完全解答が求められていると言えるでしょう。また、単に知っているだけでなく、どのようなものかをきちんと理解している必要があります。

志望校の対策も同じような考え方ができます。何が出題されたかよりも、出題の意図は何か、それに付随することはどのようなことかを考えることが本当の対策になります。

実践問題＆採点表

この問題の絵はありません。
あなたの好きな遊びは何ですか。その遊びをしたことのないお友だちに、それがどんな遊びなのかを教えてあげてください。

〈時間〉 1分

〈解答〉 省略

 保護者の方へのアドバイス

この問題はお子さまにとっては難しい内容と言えるでしょう。好きな遊びを答えることは難しくありませんが、その遊びを相手にわかるように説明することはハードルが高くなります。まずは、友だち同士だけで通じるような言い回しでは、初対面の相手には伝わらないことを知っていなければなりません。

その上、伝える相手は大人です。きちんとした言葉遣いができていることも大切になります。この問題のように長めの話しをする場合、付け焼き刃の対策では対処が難しく、話しをしているうちに日頃の言葉遣いが表れてしまいます。

このようなことが懸念されるのが、お子さまと保護者の方の関係性が「友だち親子」になっている場合です。近年、お子さまとの距離が非常に近い、友だち同士のような親子関係の家庭が増えていますが、ある程度の節度ある言葉遣いは大切だと思います。

こうした、使用する言葉や話し方についての対策は、ご家庭内での日常会話が基礎になります。また、きちんと話をするためには、全体の内容を把握した上で、何をどう話したら伝わるのかも考えなければなりません。

おすすめの対策は、園であったことをお子さまに聞くことです。保護者の方は、お子さまの園での生活について詳しくは知りません。知らないことを相手に伝える練習としては題材にも困りませんし、お子さまの話し方のくせも知ることができます。

お子さまは、自分が話していることをしっかりと聞いてもらえていると自覚できれば、ほかの人の話も聞くようになります。何事も少しずつ焦らずに取り組みましょう。

実践1　採点表

点

		チェック項目	採点
試験前	1	返事はあったか	3・2・1・0
	2	入室時に落ち着いていたか	3・2・1・0
	3	あいさつはできたか	3・2・1・0
	4	指示があってから座ったか	3・2・1・0
試験中	5	好きな遊びを言えたか	3・2・1・0
	6	遊びの説明ができたか	3・2・1・0
	7	説明はわかりやすかったか	3・2・1・0
	8	内容は生活体験にもとづいたものだったか	3・2・1・0
	9	伝わりやすい話し方だったか	3・2・1・0
	10	言葉遣いは正しかったか	3・2・1・0
	11	問題をきちんと聞いていたか	3・2・1・0
	12	すぐに解答できたか	3・2・1・0
	13	目を見て答えていたか	3・2・1・0
	14	大きな声で答えていたか	3・2・1・0
	15	笑顔で取り組んでいたか	3・2・1・0
	16	正しい姿勢で取り組んでいたか	3・2・1・0
	17	最後まで集中できていたか	3・2・1・0
試験後	18	終わりのあいさつはできたか	3・2・1・0
	19	椅子はきちんとしまったか	3・2・1・0
	20	出る時のあいさつはできたか	3・2・1・0

〈メモ〉

この問題の絵はありません。
①海に行ったことはありますか。海について知っていることをお話してください。
②最近、家族で出かけた場所を教えてください。そこで何をしましたか。

〈時間〉各1分

〈解答〉省略

保護者の方へのアドバイス

この問題も練習10と同様に、「海に行ったことはありますか」と最初に問われています。ですから、行ったことがあるのかないのかを答えなければなりません。もし行ったことがない場合、試験官は行ったことないことを無理に質問しようとはしません。行ったことがある場所に内容を変更してくれることもあります。そうなれば答えやすくなりますが、もし最初の質問に答えなかった場合、無解答と評価をされるだけでなく、次の解答の内容にもマイナスがつく可能性があります。行ったことがないことは恥ずかしいことではありません。ですから、「ある」「ない」をしっかりと言えるように指導してください。

はっきりと答えなければいけないのには別の理由もあります。人の話に返答する場合、うなずくだけではよくありませんし、返答をしないことも失礼にあたります。そうしたマナーとしての意味もあるのです。

ですから、試験として採点されるだけでなく、保護者の方の躾としても評価されていることを忘れないようにしてください。

次に海について知っていることを問われています。解答の間口が広く取られています。大きさについて、味について、生息している生きものについて、波について、潮の満ち引きについてなど、さまざまな切り口があります。

どれを取り上げて答えるかはお子さまの自由です。そして保護者の方は、答えている時のお子さまの表情についてのチェックも忘れずにしてください。答えに嫌なものや苦手なものを選ぶお子さまはまずいません。ですから、当然のように明るい表情で答えることが求められます。

口頭試問形式の試験が難しいのは、こうした点も採点対象として観られているところにあります。ですから、解答（結果）だけでなく、解答している時の様子（プロセス）についてもしっかりと対策を取るようにしましょう。

実践2　採点表

点

		チェック項目	採点
試験前	1	返事はあったか	3・2・1・0
	2	入室時に落ち着いていたか	3・2・1・0
	3	あいさつはできたか	3・2・1・0
	4	指示があってから座ったか	3・2・1・0
試験中	5	①最初の質問に答えたか	3・2・1・0
	6	①海について知っていることを話せたか	3・2・1・0
	7	①話しはわかりやすかったか	3・2・1・0
	8	②伝わりやすい話し方だったか	3・2・1・0
	9	②最初の質問に答えたか	3・2・1・0
	10	②何をしたかを話せたか	3・2・1・0
	11	②内容は生活体験にもとづいたものだったか	3・2・1・0
	12	②伝わりやすい話し方だったか	3・2・1・0
	13	問題をきちんと聞いていたか	3・2・1・0
	14	目を見て答えていたか	3・2・1・0
	15	大きな声で答えていたか	3・2・1・0
	16	笑顔で取り組んでいたか	3・2・1・0
	17	正しい姿勢で取り組んでいたか	3・2・1・0
試験後	18	終わりのあいさつはできたか	3・2・1・0
	19	椅子はきちんとしまったか	3・2・1・0
	20	出る時のあいさつはできたか	3・2・1・0

〈メモ〉

（実践3-①、3-②の絵を見せる）
2枚の絵を使ってお話を作ってください。できたら、私（出題者）に教えてください。

〈時間〉各3分

〈解答〉省略

 保護者の方へのアドバイス

お話作りはお子さまのメンタル面を表すことがあります。お子さまのお話はどんな内容だったでしょうか。明るく、楽しい内容だとよいですよね。

例えば、男の子が描かれている絵では、「シャボン玉遊びをしていました。そのシャボン玉には〇〇くんがやりたいことが映ります。その中の1つにお友だちの△△くんといっしょにやったサッカーが映っていました。〇〇くんはまた△△くんとサッカーをしたいと思いました」といったお話でもよいと思います。

また、女の子の絵では、「お母さんに新しい傘を買ってもらいました。〇〇さんは早くその傘が使いたくて仕方がありません。ごはんを食べ終わってごちそうさまをしている時も、早く傘が使いたいと思っています」というお話でも構いません。

大切なことは、考えたお話を楽しく、いきいきと話すことができたかどうかです。お子さまに指導するとしたら、生活に関連付けた内容にするとお話が作りやすくなるよという程度でよいと思います。そう指導することで方向性を示しつつ自由度の高いお話作りができます。

保護者の方は、出題の意図を理解して指導してください。この問題で求められていることは、正解ではなく志願者の考えです。考えに正解・不正解はありません。ですから、型にはめた答えを求めるのではなく、お子さまの特徴が表れている表現や内容になっているかに重点を置いて確認してください。

実践3　採点表

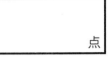

点

		チェック項目	採点
試験前	1	返事はあったか	3 ・ 2 ・ 1 ・ 0
	2	入室時に落ち着いていたか	3 ・ 2 ・ 1 ・ 0
	3	あいさつはできたか	3 ・ 2 ・ 1 ・ 0
	4	指示があってから座ったか	3 ・ 2 ・ 1 ・ 0
試験中	5	話ができた時、きちんと教えたか	3 ・ 2 ・ 1 ・ 0
	6	お話は成り立っていたか	3 ・ 2 ・ 1 ・ 0
	7	話の長さは適切だったか	3 ・ 2 ・ 1 ・ 0
	8	相手に伝わるように話をしていたか	3 ・ 2 ・ 1 ・ 0
	9	楽しそうに話をしていたか	3 ・ 2 ・ 1 ・ 0
	10	話すスピードは適切だったか	3 ・ 2 ・ 1 ・ 0
	11	先生の目を見て話をしたか	3 ・ 2 ・ 1 ・ 0
	12	声はハキハキしていたか	3 ・ 2 ・ 1 ・ 0
	13	大きな声で答えていたか	3 ・ 2 ・ 1 ・ 0
	14	脚はブラブラしていなかったか	3 ・ 2 ・ 1 ・ 0
	15	言葉遣いは正しかったか	3 ・ 2 ・ 1 ・ 0
	16	工夫は見られたか	3 ・ 2 ・ 1 ・ 0
	17	最後まであきらめずに取り組んだか	3 ・ 2 ・ 1 ・ 0
試験後	18	終わりのあいさつはできたか	3 ・ 2 ・ 1 ・ 0
	19	椅子はきちんとしまったか	3 ・ 2 ・ 1 ・ 0
	20	出る時のあいさつはできたか	3 ・ 2 ・ 1 ・ 0

〈メモ〉

（あらかじめ、実践４の絵を枠線に沿って切り離してカードにしておく）
カードを３枚選んで、そのカードを使ったお話を作ってください。

〈時間〉３分

〈解答〉省略

 保護者の方へのアドバイス

まず、どの絵を選択するかが最初の関門です。この時に早く、話のつなげやすいカードを見つけることができると、スムーズに進められるでしょう。瞬時の判断が求められますが、ここでカードの選択を失敗しても減点対象にはなりません。大切なのは、意欲的に選ぶことと選ぶまでの時間です。選択した後はお話を作っていくのですが、この時にお話の内容がつながらないようでは困ります。よくあるパターンとして、それぞれのカードについてのお話を作ってしまうことがあります。これではお話がつながりません。

ポイントは、「その（３枚の）カードを使ったお話を作ってください」という指示です。ですから、お話がつながらないのでは、問題を理解していないと判断され、大きな減点につながってしまいます。

また、こうした正解のない出題の場合、志願者の目、雰囲気、意欲など、取り組む姿勢が特に重要です。できないからといって考え込んでしまうと、姿勢が崩れやすくなります。これでは減点がさらに大きくなります。どんな時でも、きちんとした姿勢で、自分の意見に自信を持って、堂々と大きな声で答える必要があります。

そのためには、ふだんの取り組みから、正解を答える問題に対する対策と考えを述べる問題に対する対策とを分けて考える必要があります。保護者の方は模範解答を求めたがりますが、正解を求められているのか、考えを求められているのかをしっかりと把握して取り組むようにしましょう。たったこれだけのことを意識するだけで焦りが軽減します。そして、考えを求められている場合は、自信を持って解答するように指導してください。

実践4　採点表

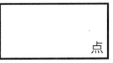

点

		チェック項目	採点
試験前	1	返事はあったか	3・2・1・0
	2	入室時に落ち着いていたか	3・2・1・0
	3	あいさつはできたか	3・2・1・0
	4	指示があってから座ったか	3・2・1・0
試験中	5	すぐに課題に取り組んだか	3・2・1・0
	6	使わなかったカードをまとめたか	3・2・1・0
	7	お話は成り立っていたか	3・2・1・0
	8	話の長さは適切だったか	3・2・1・0
	9	意欲的に取り組んでいたか	3・2・1・0
	10	大きな声で答えていたか	3・2・1・0
	11	伝わりやすい話し方だったか	3・2・1・0
	12	集中力は持続したか	3・2・1・0
	13	先生の目を見て話をしたか	3・2・1・0
	14	考えている時の姿勢は正しかったか	3・2・1・0
	15	言葉遣いは正しかったか	3・2・1・0
	16	使ったカードを片付けたか	3・2・1・0
	17	最後まであきらめずに取り組んだか	3・2・1・0
試験後	18	終わりのあいさつはできたか	3・2・1・0
	19	椅子はきちんとしまったか	3・2・1・0
	20	出る時のあいさつはできたか	3・2・1・0

〈メモ〉

この問題の絵はありません。

今日はウサギさんの誕生日です。動物村のみんなが集まって誕生日パーティーを開くことになっています。タヌキさんも参加することになっているのですが、誕生日プレゼントを用意するのを忘れてしまいました。もう、お家を出発しないと約束の時間に間に合いません。タヌキさんはどうしようか困っています。

この続きはどうなると思いますか。お話してください。

〈時間〉 2分

〈解答〉 省略

保護者の方へのアドバイス

本問は想像力を必要とする問題です。こうした問題を解く際にお子さまの助けになるのは読み聞かせです。もちろん生活体験も一助になりますが、この問題はプレゼントを用意するのを忘れてしまったという内容なので、同じような体験はないかもしれません。そこで助けになるのが、読み聞かせをしてもらったお話の内容なのです。今までに読み聞かせてもらったお話の中から「こんな内容があった」と引き出せれば、答えやすくなるでしょう。

学習というものは1つの分野や問題に限定したものではありません。言い換えると、学習は指導する側の意識1つで、さまざまな分野や問題に関連付けることができるということです。それががができるか否かは指導する側の力量によります。ですから、保護者の方の意識がより大切と言えるでしょう。

本問を苦手にしている場合、この問題と似た内容のお話の読み聞かせをした翌日に本問に取り組むことで、答えを引き出しやすくすることができます。ぜひ取り入れてみてください。このような形で問題を行うと、お子さまは自信に満ちあふれた表情で話し始めると思います。口頭試問では、こうした表情も採点対象の1つになることを覚えておいてください。

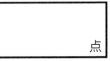

実施日　　　年　　月　　日

実践5　採点表

		チェック項目	採点
試験前	1	返事はあったか	3 ・ 2 ・ 1 ・ 0
	2	入室時に落ち着いていたか	3 ・ 2 ・ 1 ・ 0
	3	あいさつはできたか	3 ・ 2 ・ 1 ・ 0
	4	指示があってから座ったか	3 ・ 2 ・ 1 ・ 0
試験中	5	話ができた時、きちんと教えたか	3 ・ 2 ・ 1 ・ 0
	6	お話の続きが成り立っていたか	3 ・ 2 ・ 1 ・ 0
	7	印象的なお話になっていたか	3 ・ 2 ・ 1 ・ 0
	8	話の長さは適切だったか	3 ・ 2 ・ 1 ・ 0
	9	伝わりやすい話し方だったか	3 ・ 2 ・ 1 ・ 0
	10	言葉遣いは正しかったか	3 ・ 2 ・ 1 ・ 0
	11	問題をきちんと聞いていたか	3 ・ 2 ・ 1 ・ 0
	12	意欲的に取り組んだか	3 ・ 2 ・ 1 ・ 0
	13	考えている時の姿勢は正しかったか	3 ・ 2 ・ 1 ・ 0
	14	目を見て答えていたか	3 ・ 2 ・ 1 ・ 0
	15	大きな声で答えていたか	3 ・ 2 ・ 1 ・ 0
	16	笑顔で取り組んでいたか	3 ・ 2 ・ 1 ・ 0
	17	最後まで集中できていたか	3 ・ 2 ・ 1 ・ 0
試験後	18	終わりのあいさつはできたか	3 ・ 2 ・ 1 ・ 0
	19	椅子はきちんとしまったか	3 ・ 2 ・ 1 ・ 0
	20	出る時のあいさつはできたか	3 ・ 2 ・ 1 ・ 0

〈メモ〉

この問題の絵はありません。
（Ａ４サイズの紙を渡す）
この紙をできるだけ遠くに飛ばしてください。

〈時間〉 2分

〈解答〉 省略

 保護者の方へのアドバイス

この問題でキーワードになるのは「遠くに飛ばす」という言葉です。ですから丸めて遠くに投げるのは好ましくないでしょう。特に男の子は注意してください。
このアドバイスを読んでいると、「同じようなことが随所に出てくる」と感じた方がいらっしゃると思います。実際、書いている側としても意識しています。
近年、話を最後まで聞けない人（子どもも大人も）が増えていると言われています。実際、学校側もそうした認識を持っています。そのことは入学後にさまざまな点において問題となることがわかっているので、入学試験では「聞く力」を重要視しています。
特に日本語は大切なことが文章の最後に出てくる言語です。ですから、述部によって内容が変わります。この問題では「飛ばす」と言っているので、「投げる」とは違います。「できるだけ遠くに」という言葉に意識が集中し、その後の言葉を聞き漏らしてしまうと、間違えた対応をすることになりかねません。
口頭試問は対策に時間がかかります。知識を必要とする解答以外の、話し方や姿勢などは育てられてきた環境の中で身に付いてきたものです。６年間かけて身に付いたことを試験までの短い時間で修正することはかなり重労働になります。
ですから、口頭試問対策は早く取り組んでいただきたいのです。そして、修正するためには、お子さまだけでなく家族全体で取り組むことが求められます。例えば、飛ばした後にその紙はどうしたでしょうか。上手く飛ばなかった時は、再度挑戦しようとしましたか（意欲）。その時、紙は無駄にしませんでしたか。飛ばした紙はすぐに取りに行きましたか。こうした点もしっかりとチェックしてください。

実践6　採点表

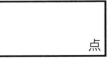

点

		チェック項目	採点
試験前	1	返事はあったか	3・2・1・0
	2	入室時に落ち着いていたか	3・2・1・0
	3	あいさつはできたか	3・2・1・0
	4	指示があってから座ったか	3・2・1・0
試験中	5	問題をきちんと聞いていたか	3・2・1・0
	6	問題を言われた後に返事をしたか	3・2・1・0
	7	すぐに課題に取り組んだか	3・2・1・0
	8	飛ばす前に声かけをしたか	3・2・1・0
	9	遠くに飛ばすことを意識していたか	3・2・1・0
	10	遠くに飛ばす工夫があったか	3・2・1・0
	11	笑顔で取り組んでいたか	3・2・1・0
	12	意欲的に取り組んでいたか	3・2・1・0
	13	遠くに飛ばすことができたか	3・2・1・0
	14	独創的な飛ばし方ができたか	3・2・1・0
	15	何度もトライしようとしたか	3・2・1・0
	16	最後まで集中できていたか	3・2・1・0
	17	終わった後に紙を片付けたか	3・2・1・0
試験後	18	終わりのあいさつはできたか	3・2・1・0
	19	椅子はきちんとしまったか	3・2・1・0
	20	出る時のあいさつはできたか	3・2・1・0

〈メモ〉

ウサギさんが、お友だちのキツネさんにプレゼントを届けに行きます。どの道を通って行ったでしょうか。

・道が分かれるたびに、どうしてその道を選んだのかを聞く。
・池を選んだら、どのようにして渡るのかを聞く。
・プレゼントを届けたら、同じ道で帰るよう指示する。

〈時間〉3分

〈解答〉省略

 ## 保護者の方へのアドバイス

最初の選択で真ん中の道を選ぶお子さまはいないと思いますが、両端の道を選んだ時に明確な理由を示せないお子さまはいるでしょう。本問に正解はないので自分の思ったことをしっかりと伝えるようにしてください。

例えば、最初の選択では真ん中の道に犬が寝ています。そのことについて「怖そうな犬がいるから」と考えても、「眠っているのを起こすのはかわいそうだから」と考えても、どちらも間違いではありません。同じように「ヒマワリが見たいから」と考えても、「交番の前を通るとおまわりさんがいるので安全だから」と考えても、それはお子さまの自由であり、どちらが正解ということはありません。このほかにも理由はあるはずです。大切なのは自分の考えを相手に伝えることです。

また、道を指し示す時、無言で行うか「この道にします」と言いながら行うのかは、声を出した方が積極的に取り組んでいると観られるので、ぜひ声を出しながら行うようにしましょう。

次の別れ道で池を選ぶ人は少ないと思いますが、「泳いで渡る」という答えは避けたいものです。なぜなら「プレゼントを届けに行きます」と設定されているので、泳いで渡ったら、せっかくのプレゼントが濡れてしまいます。こうした点も忘れずに臨んでください。

最後の問題では同じ道を通って帰るように指示されます。通ってきた道をしっかりと覚えておくようにしましょう。こうした質問は、油断をしていると答えることができません。最後まで集中して取り組むようにしましょう。

実践7　採点表

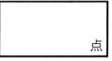

点

		チェック項目	採点
試験前	1	返事はあったか	3・2・1・0
	2	入室時に落ち着いていたか	3・2・1・0
	3	あいさつはできたか	3・2・1・0
	4	指示があってから座ったか	3・2・1・0
試験中	5	道の選択をはっきり答えられたか	3・2・1・0
	6	道順を考えながら進んでいたか	3・2・1・0
	7	選んだ理由をきちんと言えたか	3・2・1・0
	8	同じ道を通って帰れたか	3・2・1・0
	9	問題をきちんと聞いていたか	3・2・1・0
	10	出題を理解していたか	3・2・1・0
	11	すぐに課題に取り組んだか	3・2・1・0
	12	「です」「ます」を付けて答えていたか	3・2・1・0
	13	目を見て答えていたか	3・2・1・0
	14	意欲的に取り組んでいたか	3・2・1・0
	15	正しい姿勢で取り組んでいたか	3・2・1・0
	16	大きな声で答えていたか	3・2・1・0
	17	集中していたか	3・2・1・0
試験後	18	終わりのあいさつはできたか	3・2・1・0
	19	椅子はきちんとしまったか	3・2・1・0
	20	出る時のあいさつはできたか	3・2・1・0

〈メモ〉

①雨の日で楽しいと思うことの絵を１つ選んで、指さしてください。それから、どうしてそう思うのか教えてください。

②雨の日で嫌だと思うことの絵を１つ選んで、指さしてください。それから、どうしてそう思うのか教えてください。

〈時間〉各30秒

〈解答〉省略

 保護者の方へのアドバイス

この問題は、まさにお子さまの考えが重要になります。

例えば、雨の日で楽しいと思うことを質問していますが、楽しいことは千差万別なので、人によって解答は違うでしょう。また、ただ黙って選択肢を指さすのと、「これです」と言って指をさすのとではどちらがよいでしょうか。こうしたことは、正解であっても不正解であっても変わりありません。口頭試問形式の試験では、こうした小さなことも大切になるということです。別の言い方をすれば、口頭試問は日々のくらしや躾を観られていると言っても過言ではないということです。

細かなチェックポイントを挙げればきりがありませんが、実際の試験では１つの採点項目に１つのチェックポイントではなく、大まかな括りの代表として採点項目があり、その採点項目にはさまざまな内容が含まれていると考えてください。

口頭試問の採点は、多くの学校で加点方式がとられています。この採点表でも、２点をベースによければ加点、悪ければ減点という採点方法ですが、小さなことでは減点とせず、お子さまのよいところを見つけようと志願者を観ています。ですから、保護者の方もお子さまのよいところを見つけられる目を持ってください。そして、日常生活での基本をしっかりと身に付けましょう。

実践8　採点表

点

		チェック項目	採点
試験前	1	返事はあったか	3・2・1・0
	2	入室時に落ち着いていたか	3・2・1・0
	3	あいさつはできたか	3・2・1・0
	4	指示があってから座ったか	3・2・1・0
試験中	5	すぐに解答できたか	3・2・1・0
	6	指さしだけでなく、言葉もあったか	3・2・1・0
	7	説明に生活体験が表れていたか	3・2・1・0
	8	理由の説明が納得できるものだったか	3・2・1・0
	9	きちんと問題を聞けていたか	3・2・1・0
	10	目を見て答えていたか	3・2・1・0
	11	「です」「ます」を付けて答えていたか	3・2・1・0
	12	しっかり考えて解答していたか	3・2・1・0
	13	印象的な解答だったか	3・2・1・0
	14	意欲的に取り組んでいたか	3・2・1・0
	15	正しい姿勢で取り組んでいたか	3・2・1・0
	16	大きな声で答えていたか	3・2・1・0
	17	集中していたか	3・2・1・0
試験後	18	終わりのあいさつはできたか	3・2・1・0
	19	椅子はきちんとしまったか	3・2・1・0
	20	出る時のあいさつはできたか	3・2・1・0

〈メモ〉

実践9-②の絵はありません。

① （実践9の絵を見せる）

　それぞれの名前をできるだけ早く言ってください。

②「い」で始まるものの名前をできるだけたくさん言ってください。

〈時間〉①20秒　②30秒

〈解答〉①ツクシ、掃除機、シーソー、タケノコ、トンボ、タマネギ、チーズ、
　　　　海
　　　　②省略

保護者の方へのアドバイス

①では、名前を早く言うように指示がありますが、早くと言っても相手にわかるように伝えなければ意味はありません。まずは正確に伝えることを心がけてください。描いてある絵はどれも小学校受験ではオーソドックスなものです。わからないものはないと思いますが、もしわからなかった場合はしっかり確認しておいてください。

最近、公園でシーソーをあまり見かけなくなりましたが、シーソーの原理を知っていると重さ比べの問題の時に役立つので、この機会に覚えておくとよいでしょう。

また、このように名前を問われた時に詳しく答える必要はありません。右下に描いてある「トンボ」ですが、「○○トンボ」というような種類までは必要ありません。タケノコの種類は？　チーズは？　など、ほかのものも詳しく言わなければならず、そこまでは出題者は求めていません。

②では、「い」で始まるものをたくさん言ってくださいと指示があります。この出題については、色々な音で練習をしてください。実際の入学試験では、何が問われるかはわかりません。その場で瞬時に判断し、対応できる練習をしておくとよいでしょう。

また、どのように考えていくかという取り組み方も大切です。いきなり色々と考えても思うように出てきません。ですから、まずは食べもの、次に草花、というように幅を絞って考えるなどの対策をするとよいでしょう。

実践9　採点表

点

		チェック項目	採点
試験前	1	返事はあったか	3・2・1・0
	2	入室時に落ち着いていたか	3・2・1・0
	3	あいさつはできたか	3・2・1・0
	4	指示があってから座ったか	3・2・1・0
試験中	5	①時間内にすべて答えられたか	3・2・1・0
	6	①できるだけ早く言うことを意識できていたか	3・2・1・0
	7	①相手にわかるように言えていたか	3・2・1・0
	8	②8以上／3点、5〜7／2点、4以下／1点	3・2・1・0
	9	②相手にわかるように言えていたか	3・2・1・0
	10	問題をきちんと聞いていたか	3・2・1・0
	11	言葉遣いは正しかったか	3・2・1・0
	12	落ち着いて取り組んでいたか	3・2・1・0
	13	意欲的に取り組んでいたか	3・2・1・0
	14	大きな声で答えていたか	3・2・1・0
	15	笑顔で取り組んでいたか	3・2・1・0
	16	正しい姿勢で取り組んでいたか	3・2・1・0
	17	最後まであきらめずに取り組んでいたか	3・2・1・0
試験後	18	終わりのあいさつはできたか	3・2・1・0
	19	椅子はきちんとしまったか	3・2・1・0
	20	出る時のあいさつはできたか	3・2・1・0

〈メモ〉

この問題の絵はありません。
① 「プンプン」という言葉を身体を使って表してください。
② 「ニコニコ」という言葉を顔で表してください。

〈時間〉各10秒

〈解答〉省略

 ## 保護者の方へのアドバイス

指定された言葉を身体で表現しなければなりません。こうした問題で恥ずかしがって表現が小さくなってしまうのはよくありません。恥ずかしがらず堂々と表現しましょう。

そして、積極的に取り組んでいるか、オリジナリティ（個性）があるかなども大切です。この問題では正解を求められているわけではありません。型にはまった表現方法ではなく、お子さまの特徴がしっかりと感じられるかどうかをチェックしましょう。

本問がこの問題集で最後の問題になります。設問と設問の間の姿勢はどうだったでしょうか。入学試験では答えている時だけが採点対象とは限りません。入室する時から退出する時まで、すべてが採点対象になります。ですから、家庭において取り組まれる際も、最初から最後まで集中できているかを確認してください。

解答している時だけ集中させるのではなく、生活全体が試験につながっていることを知っておいてください。そして、保護者の方の考えや躾などが成績に大きく影響していることをご理解ください。実際に試験をするのはお子さまですが、お子さまだけを観ているのでなく、家庭全体を観ています。正解もさることながら、独創性や思考力などのオリジナリティも大切なのです。

正解ばかりを追うことは、口頭試問形式の試験においてはよい対策とは言えません。失敗を失敗にするのではなく、どうしてそうなったのかなど、お子さまの考えに耳を傾け、受け入れた後に「こうするのはどう」といったアドバイスをするとよいと思います。

実践10　採点表

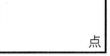

点

		チェック項目	採点
試験前	1	返事はあったか	3・2・1・0
	2	入室時に落ち着いていたか	3・2・1・0
	3	あいさつはできたか	3・2・1・0
	4	指示があってから座ったか	3・2・1・0
試験中	5	①正しく表現できていたか	3・2・1・0
	6	①身体全体を使って感情を表せていたか	3・2・1・0
	7	①独創的なポーズができたか	3・2・1・0
	8	②正しく表現できていたか	3・2・1・0
	9	②顔だけで感情を表せていたか	3・2・1・0
	10	②独創的な表情ができたか	3・2・1・0
	11	問題をきちんと聞いていたか	3・2・1・0
	12	問題を言われた後に返事をしたか	3・2・1・0
	13	すぐに課題に取り組んだか	3・2・1・0
	14	課題を行う前に声かけをしたか	3・2・1・0
	15	恥ずかしがらずに課題に取り組んでいたか	3・2・1・0
	16	意欲的に取り組んでいたか	3・2・1・0
	17	最後まで集中できていたか	3・2・1・0
試験後	18	終わりのあいさつはできたか	3・2・1・0
	19	椅子はきちんとしまったか	3・2・1・0
	20	出る時のあいさつはできたか	3・2・1・0

〈メモ〉

口頭試問最強マニュアル　生活体験編　無断複製／転載を禁ずる　　　　　日本学習図書株式会社

練習 2

口頭試問最強マニュアル 生活体験編　無断複製／転載を禁ずる　日本学習図書株式会社

練習4

口頭試問最強マニュアル 生活体験編　無断複製／転載を禁ずる　日本学習図書株式会社

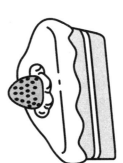

練習8

日本学習図書株式会社

口頭試問最強マニュアル 生活体験編　無断複製／転載を禁ずる

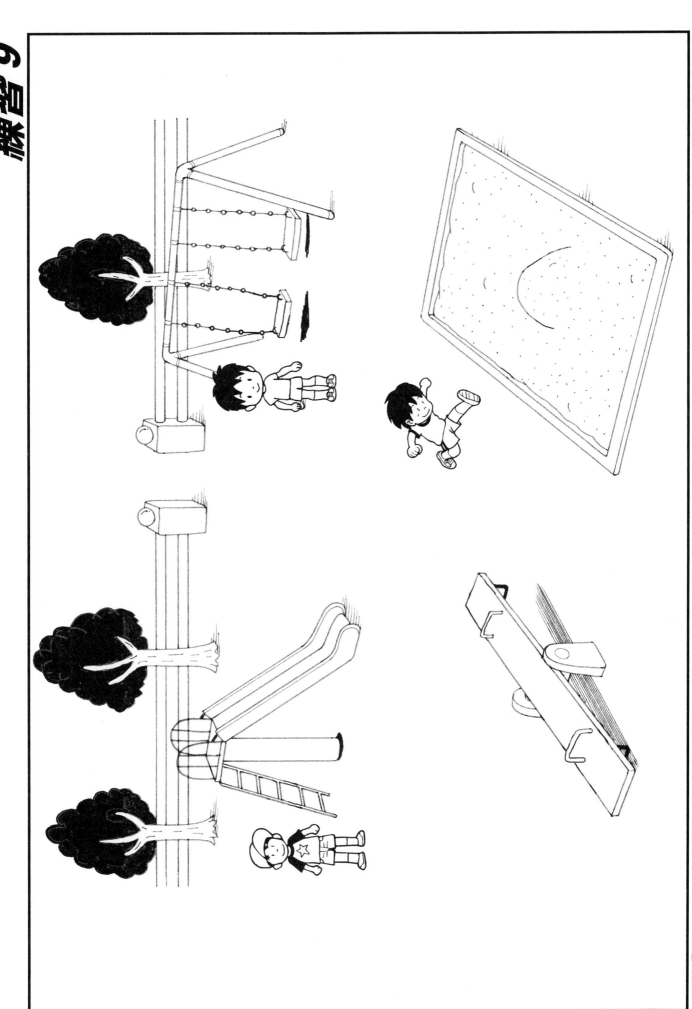

①

②

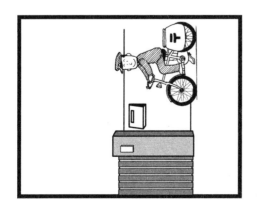

□頭試問最強マニュアル 生活体験編　無断複製／転載を禁ずる　　日本学習図書株式会社

実践 7

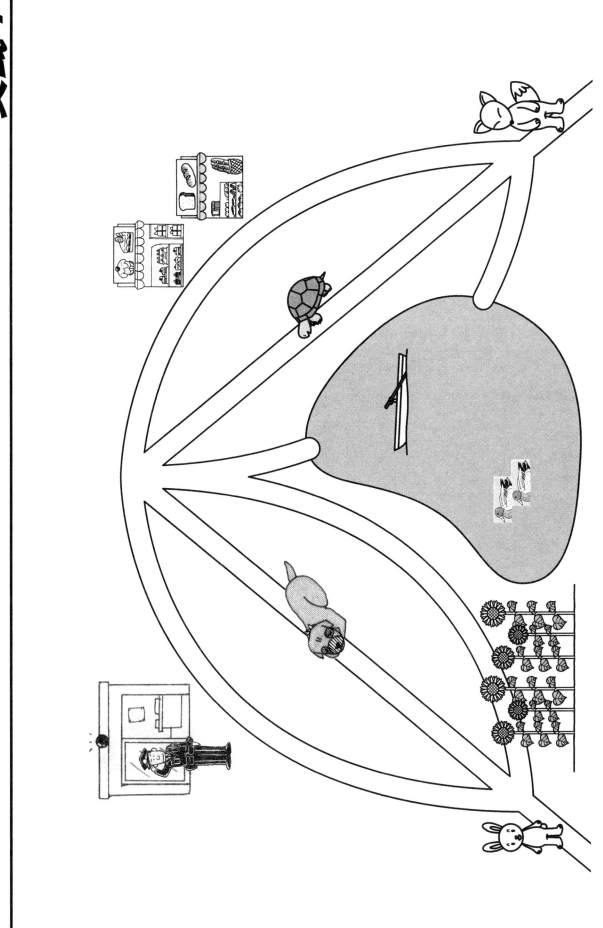

日本学習図書株式会社

実践 8

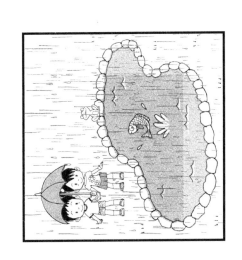

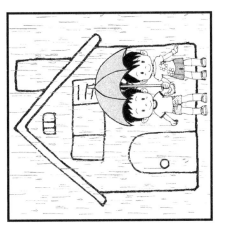

日本学習図書株式会社

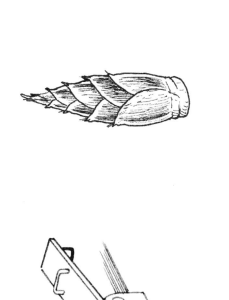

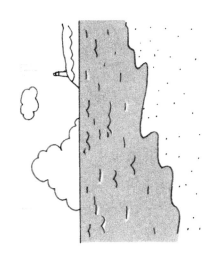

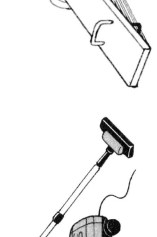

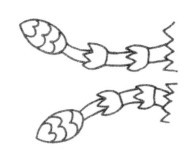

①

口頭試問最強マニュアル 生活体験編　無断複製／転載を禁ずる　　日本学習図書株式会社

分野別 小学入試練習帳 ジュニアウォッチャー

1.	点・線図形	小学校入試で出題頻度の高い「点・線図形」の模写を、難易度の低いものから段階別に幅広く練習することができるように構成。
2.	座標	図形の位置複写という作業を、難易度の低いものから段階別に練習できるように構成。
3.	パズル	様々なスタイルの問題を難易度の低いものから段階別に練習できるように構成。
4.	同図形探し	小学校入試で出題頻度の高い、同図形選びの問題を繰り返し練習できるように構成。
5.	回転・展開	図形などを回転、または展開したとき、形がどのように変化するかを学習し、理解を深められるように構成。
6.	系列	数、図形などの様々な系列問題を、難易度の低いものから段階別に練習できるように構成。
7.	迷路	迷路の問題を繰り返し練習できるように構成。
8.	対称	対称に関する問題を4つのテーマに分類し、各テーマごとに問題を段階別に練習できるように構成。
9.	合成	図形の合成に関する問題を、難易度の低いものから段階別に練習できるように構成。
10.	四方からの観察	もの(立体)を様々な角度から見て、どのように見えるかを推理する問題を段階別に整理し、1つの形式で複数の問題を練習できるように構成。
11.	いろいろな仲間	ものや動物、植物などの共通点を見つけ、分類していく問題を中心に構成。
12.	日常生活	日常生活における様々な問題を6つのテーマに分類し、各テーマごとに問題形式で複数の問題を練習できるように構成。
13.	時間の流れ	『時間』に着目し、様々なものごとが、時間が経過するとどのように変化するのかという「時の流れ」を理解できるように構成。
14.	数える	様々なものを『数える』ことから、数の多少の判定やかけ算、わり算の基礎までを練習できるように構成。
15.	比較	比較に関する問題を5つのテーマ(数、高さ、長さ、重さ)に分類し、各テーマごとに問題を段階別に練習できるように構成。
16.	積み木	数える対象を積み木に限定した問題集。
17.	言葉の音遊び	言葉の音に関する問題を5つのテーマに分類し、各テーマごとに練習できるように構成。
18.	いろいろな言葉	表現力をより豊かにするいろいろな言葉として、擬態語や擬声語、同音異義語、反意語、数詞を取り上げた問題集。
19.	お話の記憶	お話を聴いてその内容を記憶、理解し、設問に答える形式の問題集。
20.	見る記憶・聴く記憶	「見て憶える」「聴いて憶える」という『記憶』分野に特化した問題集。
21.	お話作り	いくつかの絵を元にしてお話を作る練習をして、想像力を養うことができるように構成。
22.	想像画	想像力を養うことにより、想像力を描かれている形や色に好きな景色や絵を描く問題集。
23.	切る・貼る・塗る	小学校入試で出題頻度の高い、はさみやのりなどを用いた巧緻性の問題を繰り返し練習できるように構成。
24.	絵画	小学校入試で出題頻度の高い、お絵かきやぬり絵などクレヨンやクーピーペンを用いた巧緻性の問題を繰り返し練習できるように構成。
25.	生活巧緻性	小学校入試で出題頻度の高い日常生活の巧緻性の問題集。
26.	文字・数字	ひらがなの清音、濁音、拗音、促音、長音を学習し、1～20までの数字に焦点を当てた問題集。
27.	理科	小学校入試で出題頻度が高くなっている理科の問題を集めた問題集。
28.	運動	出題頻度の高い運動分野を種目別に分けた問題集。
29.	行動観察	項目ごとに問題提起をし、「このような時はどうか、あるいはどう対処するのか」を考えて答える形式の観点からも問いかける形式の問題集。
30.	生活習慣	学校から家庭内で起きた問題と思って、一問一問絵を見ながら話し合い、考える形式の問題集。
31.	推理思考	数、量、言語、常識(含理科、一般)など、諸々のジャンルから問題を構成し、近年の小学校入試問題傾向に沿って構成。
32.	ブラックボックス	箱や筒の中を通ると、どのような約束でどのように変化するかを推理・思考する基礎的な問題集。
33.	シーソー	重さの違うものをシーソーに乗せた時どちらに傾くのか、またどうすれば釣り合うのかを思考する基礎的な問題集。
34.	季節	様々な行事や植物などを季節別に分類できるように知識をつける問題集。
35.	重ね図形	小学校入試で出題されている「図形を重ね合わせてできる形」についての問題を集めました。
36.	同数発見	様々な物の数を数え「同じ数」を発見し、数の多少の認識の基礎を学ぶように構成した問題集。
37.	選んで数える	数の学習の基本となる、いろいろなものの数を正しく数える学習を行う問題集。
38.	たし算・ひき算1	数字を使わず、たし算とひき算の基礎を身につけるための問題集。
39.	たし算・ひき算2	数字を使わず、たし算とひき算の基礎を身につけるための問題集。
40.	数を分ける	数を等しく分ける問題です。等しく分けたときに余りが出るものもあります。
41.	数の構成	ある数がどのような数で構成されているかを学んでいきます。
42.	一対多の対応	一対一の対応から、一対多の対応まで、かけ算の考え方の基礎学習を行います。
43.	数のやりとり	あげたり、もらったり、数の変化をしっかりと学びます。
44.	見えない数	指定された条件から数を導き出します。
45.	図形分割	図形の分割に関する問題集。パズルや合成の分野にも通じる様々な問題を集めました。
46.	回転図形	「回転図形」に関する問題集。やさしい問題から始め、いくつかの代表的なパターンから、段階を踏んで学習できるように編集されています。
47.	座標の移動	「マス目の指示通りに移動する問題」と「指示された数だけ移動する問題」を収録。
48.	鏡図形	鏡で左右反転させた時の見え方を考えます。平面図形から立体図形、文字、絵まで。
49.	しりとり	すべての学習の基礎となる「言葉」を学ぶこと、特に「しりとり」に重点をおき、さまざまなタイプの「しりとり」問題を集めました。
50.	観覧車	観覧車やメリーゴーラウンドなどを題材にした「回転系列」の問題集。「推理思考」分野の問題ですが、要素として「図形」や「数量」も含みます。
51.	運筆①	鉛筆の持ち方を学び、点線なぞり、お手本を見ながらの模写などを使って、運筆力を養います。
52.	運筆②	運筆①からさらに発展し、「欠所補完」や「迷路」などの問題を通して、運筆力を養うことを目指します。
53.	四方からの観察 積み木編	「四方からの観察」に関する問題を「積み木」を使って構成した問題集。
54.	図形の構成	見本の図形がどのような部分によってつくられているかを考えます。
55.	理科②	理科的知識に関する問題を集中して練習する「常識」分野の問題集。
56.	マナーとルール	道路や駅、公共の場でのマナーと、安全や衛生に関する常識を学べる問題集。
57.	置き換え	さまざまな具体的・抽象的な記号を表す「置き換え」の問題を扱います。
58.	比較②	長さ・高さ・体積・数などを数学的な知識を使わず、論理的に推測する「比較」の問題を練習できるように構成。
59.	欠所補完	線のつながり、欠けた絵に当てはまるものなどを求める「欠所補完」に取り組める問題集。
60.	言葉の音(おん)	しりとり、決まった順番の音をつなげるなど、「言葉の音」に関する問題集。

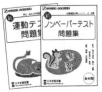

『読み聞かせ』×『質問』＝『聞く力』

1話5分の
読み聞かせお話集①②

「アラビアン・ナイト」「アンデルセン童話」「イソップ寓話」「グリム童話」、日本や各国の民話、昔話、偉人伝の中から、教育的な物語や、過去に小学校入試でも出題された有名なお話を中心に掲載。お話ごとに、内容に関連したお子さまへの質問も掲載しています。「読み聞かせ」を通して、お子さまの『聞く力』を伸ばすことを目指します。

①巻・②巻　各48話

1話7分の読み聞かせお話集
入試実践編①

最長1,700文字の長文のお話を掲載。有名でない＝「聞いたことのない」お話を聞くことで、『集中力』のアップを目指します。設問も、実際の試験を意識した設問としています。ペーパーテスト実施校の多くが「お話の記憶」の問題を出題します。毎日の「読み聞かせ」と「試験に出る質問」で、「解答のポイント」をつかんで臨みましょう！

50話収録

ニチガクの この5冊で受験準備も万全！

小学校受験入門
願書の書き方から
面接まで リニューアル版

主要私立・国立小学校の願書・面接内容を中心に、学校選びや入試の分野傾向、服装コーディネート、持ち物リストなども網羅し、受験準備全体をサポートします。

小学校受験で
知っておくべき
125のこと

小学校受験の基本から怪しい「ウワサ」まで、保護者の方々からの125の質問にていねいに解答。目からウロコのお受験本。

新　小学校受験の
入試面接Q&A リニューアル版

過去十数年に遡り、面接での質問内容を網羅。小学校別、父親・母親・志願者別、さらに学校のこと・志望動機・お子さまについてなど分野ごとに模範解答例やアドバイスを掲載。

新　願書・アンケート
文例集500 リニューアル版

有名私立小、難関国立小の願書やアンケートに記入するための適切な文例を、質問の項目別に収録。合格を掴むためのヒントが満載！願書を書く前に、ぜひ一度お読みください。

小学校受験に関する
保護者の悩みQ&A

保護者の方約1,000人に、学習・生活・躾に関する悩みや問題を取材。その中から厳選した200例以上の悩みに、「ふだんの生活」と「入試直前」のアドバイス2本立てで悩みを解決。

日本学習図書株式会社

ニチガクの 小学校受験用問題集

分 野別・基礎・応用 問題集

ジュニア・ウォッチャー （既刊60巻）

1. 点・線図形　　2. 座標　　3. パズル　　4. 同図形探し
5. 回転・展開　　6. 系列　　7. 迷路　　8. 対称　　9. 合成
10. 四方からの観察　　11. 色々な仲間　　12. 日常生活
13. 時間の流れ　　14. 数える　　15. 比較　　16. 積み木
17. 言葉の音遊び　18. 色々な言葉　　　19. お話の記憶
20. 見る・聴く記憶　　21. お話作り　22. 想像画
23. 切る・貼る・塗る　24. 絵画　　25. 生活巧緻性
26. 文字・数字　27. 理科　28. 運動観察　29. 行動観察　30. 生活習慣
31. 推理思考　32. ブラックボックス　33. シーソー　34. 季節
35. 重ね図形　36. 同数発見　37. 選んで数える　38. たし算・ひき算1
39. たし算・ひき算2　　40. 数を分ける　41. 数の構成
42. 一対多の対応　43. 数のやりとり　　44. 見えない数　45. 図形分割
46. 回転図形　47. 座標の移動　48. 鏡図形　　49. しりとり
50. 観覧車　51. 運筆①　52. 運筆②　53. 四方からの観察-積み木編-
54. 図形の構成　55. 理科②　56. マナーとルール　57. 置き換え
58. 比較②　59. 欠所補完　60. 言葉の音（おん）　　（以下続刊）

★出題頻度の高い9分野の問題を、さらに細分化した分野
　別の入試練習帳。基礎から簡単な応用までを克服！

まいにちウォッチャーズ 小学校入試段階別ドリル （全16巻）

導入編：Lv. 1〜4　　練習編：Lv. 1〜4

実践編：Lv. 1〜4　　応用編：Lv. 1〜4

★巧緻性・図形・数量・言語・理科・記憶・常識・推理の
　8分野が1冊で学べる。1冊に32問掲載。
　全16段階のステップでムラのない学習ができる。

お話の記憶問題集 －初級・中級・上級編－

★お話の記憶問題のさまざまな出題傾向を網羅した、
　実践的な問題集。

1話5分の 読み聞かせお話集①
1話5分の 読み聞かせお話集②
1話7分の 読み聞かせお話集 入試実践編①

★入試に頻出のお話の記憶問題を、国内外の童話や昔話、偉人伝
　などから選んだお話と質問集。学習の導入に最適。

新 口頭試問・個別テスト問題集

国立・私立小学校で出題された個別口頭形式の類似問題に
面接形式で答える個別テスト問題をプラス。35問掲載。

新 ノンペーパーテスト問題集

国立・私立小学校で幅広く出題される、
筆記用具を使用しない分野の問題を40問掲載。

新 運動テスト問題集

国立・私立小学校で出題された運動テストの類似問題35問掲載。

ガ イドブック

小学校受験で知っておくべき125のこと／新 小学校の入試面接Q&A

★過去に寄せられた、電話や葉書による問い合わせを整理し、受験に関するさまざまな情報をQ&A形式でまとめました。
　これから受験を考える保護者の方々必携の1冊です。

新 小学校受験のための願書の書き方から面接まで

★各学校の願書・調査書・アンケート類を掲載してあります。重要な項目については記入文例を掲載しました。また、実際に
　行なわれた面接の形態から質問内容まで詳細にわたってカバーしてあり、願書の記入方法や面接対策の必読書です。

新 小学校受験 願書・アンケート文例集500

★願書でお悩みの保護者に朗報！ 有名私立小学校や難関国立小学校の願書やアンケートに記入するための適切な文例を、
　質問の項目別に収録。合格をつかむためのヒントが満載！ 願書を書く前に、ぜひ一度お読みください！

小学校受験に関する保護者の悩みQ&A

★受験を控えたお子さまを持つ保護者の方約1,000人に、学習・生活・躾などに関する悩みや問題を徹底取材。
　その中から厳選した、お悩み200例以上にお答えしました。「ふだんの生活」と「入試直前」のアドバイスの2本立てで、
　お悩みをスッキリ解決します。

口頭試問最強マニュアル　生活体験編

発行日　2021年1月25日　発行
発行所　〒162-0821　東京都新宿区津久戸町 3-11
　　　　TH1ビル飯田橋9F　日本学習図書株式会社
電話　03-5261-8951 ㈹

・本書の一部または全部を無断で複写転載することは禁じられています。
　乱丁、落丁の場合は発行所でお取り替え致します。

詳細は http://www.nichigaku.jp　日本学習図書　検索

ISBN978-4-7761-3124-3

C6037 ¥2000E

定価　本体2,000円＋税